Shana Lyès

BELIER

F1RST
ÉDITIONS

ISBN : 978-2-412-08181-5
Dépôt légal : novembre 2022
Imprimé en Italie

Directrice éditoriale : Marie-Anne Jost-Kotik
Responsable éditoriale : Aline Sibony
Éditrice : Cyrielle Londero
Correction : Judith Lévitan
Mise en pages : Frédéric Voisin

Illustrations shutterstock : pages 1, 2, 159 et 160 YuHusar ; pages 5, 7, 16, 19, 20, 21, 22, 23, 24, 31, 35, 39, 43, 47, 48, 52, 55, 56, 57, 60, 64, 68, 70, 72, 75, 96, 100, 103, 107, 111, 114, 119, 121, 130, 139, 141, 145, 149, 152 Ju Alaris ; page 10 makrushka et Slurp Design ; page 11 Anastasiia Smiian ; pages 14, 17 et 18 Natalllenka.m ; pages 19, 20, 21, 22, 23 et 24 Bodor Tivadar ; pages 32, 82 et 131 Valedi ; page 35 mountain beetle ; page 44 Tanya Antusenok ; page 46 Istry Istry ; pages 76, 77 et 78 Masmas ; page 79 Arelix ; pages 84, 85, 86, 87, 88, 89, 90 et 91 Nevada31 ; page 104 Paw ; pages 125 et 135 Anastasiia Veretennikova

Éditions First, un département d'Édi8
92, avenue de France
75013 Paris - France
Tél. : 01 44 16 09 00
Fax : 01 44 16 09 01
Email : firstinfo@efirst.com
Site Internet : www.editionsfirst.fr

Sommaire

Ce carnet est dédié aux âmes nées sous le signe du Bélier.

C'est un parfait mélange entre théorie astrale, explications des astres et exercices concrets à réaliser pour un mieux-être, c'est-à-dire pour mieux vivre avec ton essence.

À travers ces pages, tu découvriras pourquoi tu es né·e sous ce signe astrologique, son énergie, sa philosophie, sa place au sein du zodiaque… Mais également, ce que cela dit de toi, en tant qu'être humain : quelles sont tes forces et quelles sont tes faiblesses. Tu découvriras aussi comment le Bélier agit dans ton thème astral et quelles sont tes meilleures compatibilités.

Tu y trouveras également un point sur la lithothérapie et les cristaux qui te sont conseillés pour révéler ton potentiel intérieur.

Si tu souhaites partager ta passion pour l'astrologie, tes observations et discuter avec des personnes sur des sujets concernant la spiritualité… rejoins le Club des Étoiles sur Facebook !

Je te souhaite une très bonne lecture étoilée.

Shana ♡

Pourquoi s'intéresser à l'astrologie ?

L'astrologie, un langage millénaire

L'astrologie est un savant mélange d'art, de cultures et de connaissances ancestrales, mais elle n'est pas une science. Du moins, pas une science en termes mathématiques. En revanche, on peut la percevoir comme une science humaine, inexacte et malléable, mais pour ma part, je préfère la considérer comme un beau langage qui vient apporter des mots sur des maux ou sur des joies. En effet, l'astrologie nous *parle*.

Née en Mésopotamie environ mille ans avant Jésus-Christ, à la suite d'un heureux hasard qui voulait que les êtres vivants s'intéressent à l'influence du cycle lunaire sur les marées et les moissons, l'astrologie nous parle de qui nous sommes, de notre place dans le monde, de celleux qui nous entourent et de notre société qui évolue, se transforme et se chamboule un peu plus chaque jour.

Depuis l'Égypte antique, elle fait partie intégrante du quotidien des hommes qui tentent de mieux comprendre pourquoi tel ou tel événement se produit à un moment bien précis – lorsque les astres sont (dés)alignés.

Sur la base des observations du ciel d'autrefois, de quelques mythologies, des constellations, des saisons et de la vie en communauté, l'astrologie s'est créé un langage qui parle à notre corps, à notre cœur… et surtout à notre âme. Avec quelques théorèmes et des calculs compliqués qui s'établissent sur la base du jour, de l'heure et du lieu de naissance d'une personne, elle est capable de conter l'histoire de cette âme qui s'est incarnée – pas par hasard – dans un endroit qui va façonner sa vision du monde d'aujourd'hui et de demain.

D'accord, je te l'accorde, cette approche de l'astrologie est très poétique et saupoudrée d'un zeste de magie… Mais qu'est-ce que la magie dans un univers où la spiritualité fait partie intégrante de notre être ? Alors, oui, l'horoscope peut nous sembler parfois abstrait, parfois décalé ou encore difficile à comprendre à la première lecture (ou à la première écoute), mais lorsqu'on prend réellement le temps de se poser face à sa carte astrale, la quantité d'informations qu'on peut en recevoir devient symbolique et résonne, d'une manière ou d'une autre, dans son moi profond.

Chère étoile, fragment de galaxie et lumière incarnée, tu as bien pris ton billet d'avion pour un aller simple vers les astres ? Si oui, prépare toute ta curiosité, ainsi que ton ouverture d'esprit et boucle ta ceinture ! Le décollage est imminent.

TICKET

NOM :

PRÉNOM :

DATE DE NAISSANCE :

SIGNE ASTROLOGIQUE :

VILLE, PAYS D'ORIGINE :

MA PLANÈTE PRÉFÉRÉE :

Introduction à la roue du zodiaque

La roue du zodiaque et les douze signes

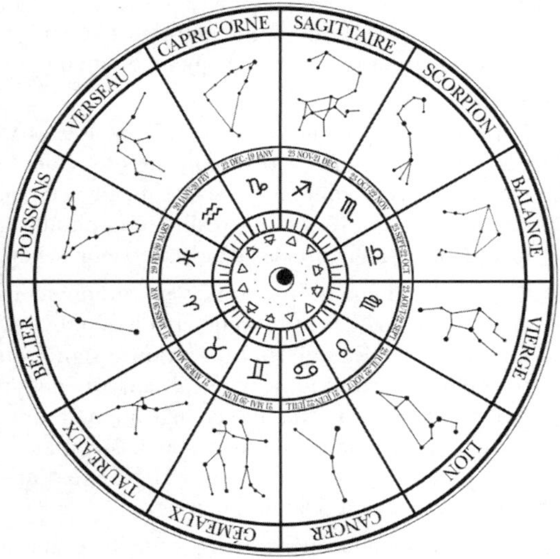

La roue du zodiaque est comme une horloge qui vient illuminer le cadran de l'un ou l'autre signe astrologique durant une période donnée. Elle est divisée en douze et couvre les 24 heures d'une journée, les 4 saisons, ainsi que les 365 jours d'une année. En fonction des transits (déplacements) de planètes dans le ciel, certains signes marqueront davantage une saison qu'une autre… et la personnalité d'un individu né à tel moment, plutôt qu'une autre.

Lorsque tu observeras pour la première fois ta carte du ciel de naissance – aussi appelée ton « thème natal » – tu remarqueras que cette image remplie de symboles colorés est, en réalité, une photo du ciel au jour et à l'heure de ta naissance selon le lieu.

Tu verras également que tu n'as pas uniquement des placements dans ton signe astrologique, mais que tu es un mélange subtil des douze signes du zodiaque. Eh oui ! la Lune bouge, change d'énergie tous les deux jours ; Mercure change au moins une fois par mois de signe ; Vénus est tout aussi rapide… Sans parler du signe ascendant qui change d'une heure à une autre, à la minute près !

Ceci explique pourquoi tu peux connaître d'autres Béliers et les trouver si différents de toi.

Pour réaliser ta carte du ciel, rends-toi sur astrotheme.fr dans l'onglet « Ascendant et thème astral » avec ton jour, ton lieu et ton heure de naissance. Garde précieusement cette carte sous les yeux pour venir compléter le reste de ce carnet !

La carte du ciel, le thème natal

Ton thème natal est une carte du ciel, représentant une roue du zodiaque, qui est réalisée en fonction de ton jour, de ton heure et de ton lieu de naissance. Cette « carte natale », ou encore « map astrale », est une photo du ciel prise au moment où ton âme s'est incarnée sur Terre, soit lors de ta naissance. La position des différents astres (Soleil, Lune, Vénus, astéroïdes, etc.) dans le ciel apporte des clés de compréhension de la construction de la personnalité d'un être humain au fil des années et de son évolution personnelle.

Sur cette carte du ciel, tu pourras observer une dizaine de planètes, des astéroïdes, mais également l'emplacement de maisons astrologiques. Lorsque tout ce mix d'énergies est parfaitement traduit, il dresse le portrait de ta personnalité unique. Car chaque thème natal est unique, comme toi.

LA GRANDE TRINITÉ ASTRALE

Si tu débutes en astrologie, sache que trois placements visibles sur ton thème sont particulièrement parlants et importants. C'est ce qu'on appelle la Grande Trinité Astrale ou encore la Triade : **Soleil**, **ascendant** et **Lune**.

Le signe astrologique, solaire : ton rayonnement personnel

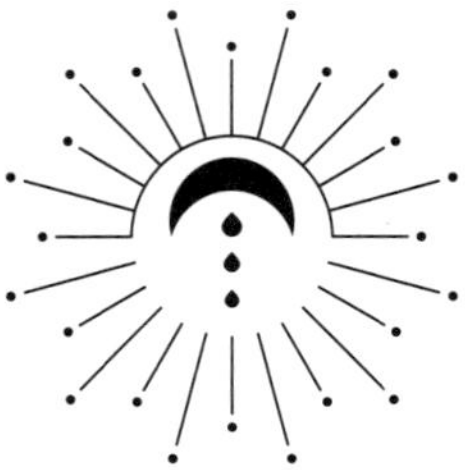

Le signe solaire, c'est-à-dire le signe astrologique, est l'endroit où était placé le Soleil lors de ta naissance. C'est ton essence profonde, tes objectifs, ta vitalité, ta première fondation en tant qu'être incarné à un instant *t*.

Le symbole rond ⊙ sur ta carte du ciel est ton signe astrologique.

Pourquoi ne connais-tu que ton signe astrologique depuis la naissance ? Oh, tu sais que le Soleil est l'étoile star de notre galaxie. Celle autour de laquelle gravitent toutes les autres planètes. Celle qui fait que chacun·e d'entre nous se lève chaque matin… Bref, c'est le point central de notre univers. Le Soleil est source de vie. Et cette définition vaut tout autant pour ton signe solaire. Il est le centre de ton thème astral, le luminaire grâce auquel tous les astres fonctionnent et interagissent entre eux. Il représente environ un cinquième de ta personnalité et même si tu peux te reconnaître moins dans ce signe que dans un autre, il reste la base, l'essence même de qui tu es et de qui tu deviens un peu plus chaque jour.

CAS SPÉCIAL : LA CUSPIDE

Le cas de la cuspide est évoqué lorsqu'une personne est née entre deux saisons de signes. C'est-à-dire lorsqu'elle est née le premier jour de la saison de son signe astrologique ou le dernier jour. Généralement, il est difficile pour ces personnes-là de se reconnaître dans l'un ou l'autre signe et elles ne savent pas réellement quel est leur signe solaire.

Si tu es dans ce cas, sache que c'est ton heure de naissance qui déterminera quel est réellement ton signe astrologique.

Si tu te reconnais beaucoup dans les deux signes « entre » lesquels tu te situes, c'est sûrement parce que tu as des planètes logées dans les deux énergies – ce qui est fréquent car Mercure et Vénus ne sont jamais loin du Soleil. Mais sache que, dans tous les cas, tu n'as bien qu'un seul signe astrologique ! Il est impossible d'être né·e sous « deux soleils ».

SHINE BRIGHT LIKE… YOUR SUN !

Le signe ascendant : ta face sociale

Défini par ton heure de naissance, l'ascendant est le point précis dans le ciel qui représente « l'orient », c'est-à-dire là où le soleil se lève – l'horizon oriental –, il s'appelle « ascendant » car il prend davantage de place au sein de ta personnalité au fil du temps qui passe et il construit ta face sociale et ton apparence physique. Il s'affirme en devenant ton nouvel horizon, pas à pas. Ce serait la face de toi que tu montres au monde lors de la première rencontre.

La flèche qui pointe **AC** sur ta carte du ciel est ton signe ascendant.

Le signe lunaire : ton intimité et tes émotions

La position de la Lune dans ton ciel de naissance vient donner de précieuses indications sur ton intimité, tes besoins, ta manière d'extérioriser tes affects et la partie de toi qui est profondément innée. D'ailleurs, en astrologie karmique, on part du principe que la Lune représente l'âme qui s'est incarnée au moment de la naissance, avant toute interaction et modification liées à l'environnement. Les heureux·se·s élu·e·s qui voient cette partie de toi sont les personnes proches de toi : partenaire amoureux·se, famille, ami·e·s de longue date, etc.

Le croissant de lune doré ☽ sur ta carte du ciel est ton signe lunaire.

Tous les autres symboles sont des planètes et des astéroïdes qui nuancent et dessinent ta personnalité. Tous ces éléments ensemble forment ta carte du ciel unique, ton thème natal.

Les planètes individuelles

Ce sont les planètes rapides, celles qui bougent rapidement et qui viennent davantage nuancer ta personnalité. Elles parlent de ta communication, de tes affects, de ta capacité d'action ou encore de ton fonctionnement relationnel.

Mercure : ta communication et ton intelligence

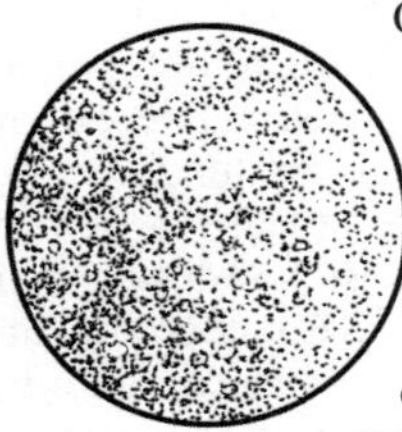

Cette planète va indiquer ton degré de sociabilité, ta manière de communiquer, de réfléchir et la façon dont tu vas utiliser ton intelligence au quotidien, comment elle se déploie et dans quel cadre. Elle peut aussi représenter tes facilités ou tes difficultés de compréhension dans certains domaines.

Le symbole violet ☿ sur ta carte du ciel est ton signe de Mercure.

Vénus : tes sentiments et tes relations

Sur ton thème, cette planète renseigne sur ta manière d'aimer, sur ce que tu recherches pour t'épanouir en relations (amoureuses notamment), sur ta vision de la beauté et ton affinité avec tout ce qui touche à l'art en général.

Le symbole féminin rose ♀ sur ta carte du ciel est ton signe de Vénus.

Mars : tes actions et ton courage

Cet astre témoigne de ta capacité d'action, la manière dont tu (ré)agis au quotidien, ce qui t'anime dans la vie. Ce sont aussi tes désirs, ton pouvoir d'attraction ou l'incarnation de ce par quoi tu es attiré·e. Ce placement renseigne aussi sur ta sexualité et ta libido.

Le symbole masculin rouge ♂ sur ta carte du ciel est ton signe de Mars.

Les planètes intergénérationnelles

Elles sont au nombre de deux : Jupiter et Saturne, qui sont deux planètes plus lentes, mais qui bougent et transitent de signe environ chaque année ou tous les deux ans. Elles indiquent des éléments concernant tes valeurs, ton héritage familial ou encore tes aspirations.

Jupiter : ton expansion et tes valeurs

Cette planète fait référence à ta morale, mais aussi à ton potentiel d'expansion. Elle représente le développement social, le domaine dans lequel tu as envie de grandir, ainsi que ta chance. C'est ta philosophie du quotidien.

Le symbole bleu ♃ sur ta carte du ciel est ton signe de Jupiter.

Saturne : ta discipline et tes vertus

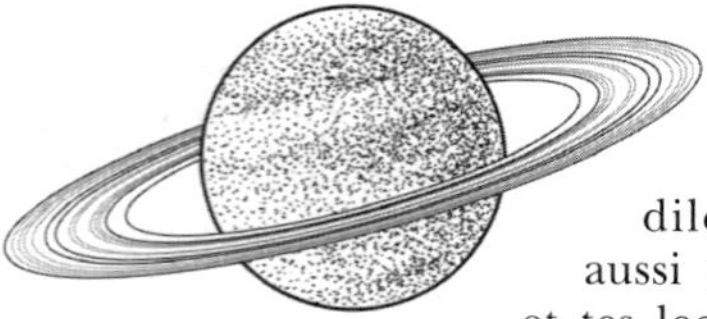

Cet astre représente ton ambition par excellence, ton domaine de prédilection, mais aussi tes structures et tes leçons de vie. Il incarne ta rigueur, ta force et ton karma transgénérationnel. Cet astre t'invite à mûrir, à grandir, à assumer tes responsabilités pour t'intégrer à la société.

Le symbole rouge ♄ sur ta carte du ciel est ton signe de Saturne.

Les planètes générationnelles

Ces trois planètes sont les plus lentes du zodiaque. Découvertes longtemps après les sept premières qui sont présentes sur la carte du ciel, elles ont fait leur apparition dans l'astrologie à la fin du XXe siècle. Elles sont dites « générationnelles » car elles sont présentes exactement au même emplacement (dans le même signe) pour une génération entière.

Uranus : ton indépendance et ta créativité

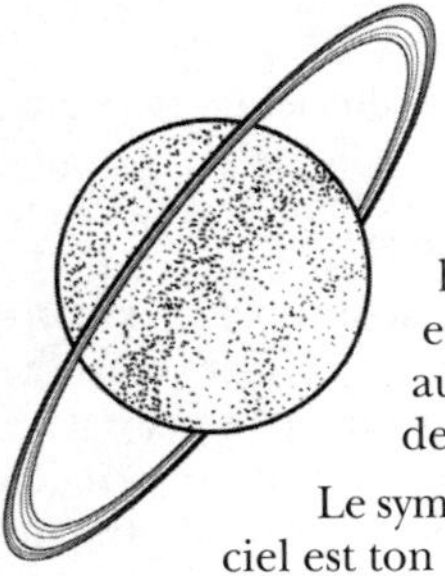

Cet astre représente l'originalité, la créativité et l'inventivité. Sur ton thème natal, Uranus peut indiquer le domaine dans lequel ton côté visionnaire est fortement présent, mais aussi quelles sont tes facultés de transcendance.

Le symbole brun ♅ sur ta carte du ciel est ton signe d'Uranus.

Neptune : tes idéaux et tes croyances

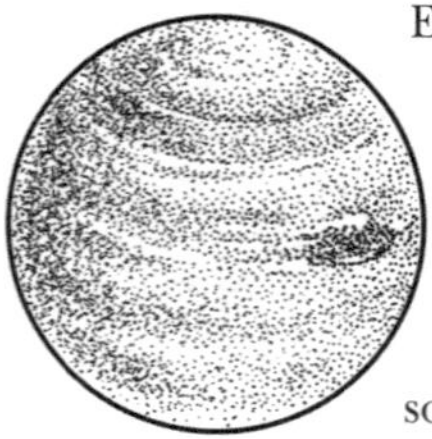

Elle représente ton idéalisme, mais aussi le domaine où tu risques de connaître des déceptions. Cette planète invite à rêver, à fuir la réalité – autant dans un sens positif que négatif. Sur ton thème, son placement peut t'indiquer où se trouvent tes faiblesses, et notamment ta naïveté.

Le symbole vert ♆ sur ta carte du ciel est ton signe de Neptune.

Pluton : ta capacité de résilience

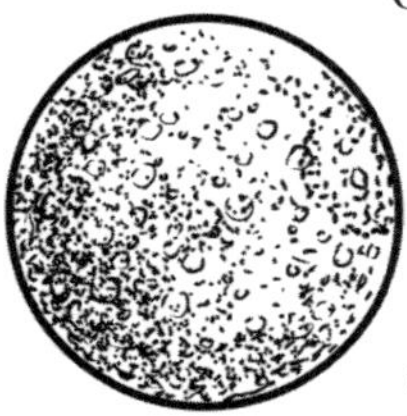

Cet astre signifie la métamorphose, la transformation, le pouvoir et le charisme. Mais également tout ce qui est tabou. Sur un thème natal, Pluton représente la destruction, les peurs, mais aussi un lieu de profondeur recelant une certaine noirceur.

Le symbole rouge ⯓ sur ta carte du ciel est ton signe de Pluton.

Les maisons

Les maisons astrologiques sont au nombre de douze. Elles représentent différents domaines de la vie quotidienne et des champs d'expérience qui vont quadriller la routine d'un individu. Chaque maison est en analogie avec l'énergie d'un signe du zodiaque. On dira que ce signe est celui qui dirige cette maison en particulier. Quatre maisons se démarquent plus que les autres.

- **La maison I** est dirigée par le signe ascendant. Elle représente ta vitalité, ton ego et une grande part de ton identité individuelle. Elle marque ta personnalité et te fait évoluer d'année en année.
- **La maison IV** est également appelée « fond de ciel », elle indique tes origines, ton appartenance à une patrie, à une famille, et comment tu construis ton foyer. C'est le point « nord » de ton thème, là où le soleil n'est pas visible car c'est le territoire le plus secret et profond de ton âme.
- **La maison VII** est dirigée par le signe descendant. Opposé à ton ascendant, c'est l'horizon occidental, celui où le soleil se couche pour faire taire l'ego et laisser la place à l'autre. Ce signe montre ce que tu recherches chez les autres pour une association sur le long terme, un partenariat, une relation professionnelle ou amoureuse durable.

Il dévoile ce que tu es prêt·e à apporter à l'autre, mais également ce que tu recherches chez l'autre.

- **La maison X** est également appelée « milieu de ciel », elle correspond au signe où ton soleil est au plus haut, à son maximum, dans son plein potentiel. C'est le zénith, le « sud ». Ce point de ton ciel représente ta carrière, le milieu socioprofessionnel dans lequel tu peux évoluer et briller.

Les astéroïdes et les points karmiques

Les astéroïdes et les points karmiques ne sont pas étudiés par tous les astrologues car ces placements sont plus particulièrement traduits *via* l'astrologie karmique, qui est une branche spécialisée de l'astrologie. Ce courant astrologique tente de mettre en lien les traumas, les blessures émotionnelles et parfois même les potentielles vies antérieures qu'on aurait pu vivre avec la personnalité d'un individu.

Ceux qui nous importent dans cet ouvrage sont les nœuds lunaires, que nous verrons en détails page 101, mais aussi la Lune Noire, qui peut faire écho à tes peurs (voir page 109), ou encore Chiron, qui parlera de tes forces à développer (voir page 109).

Les aspects

Les aspects sont les lignes de couleurs que tu aperçois au milieu de ta roue du zodiaque. Elles indiquent si les astres qui sont présents sur ta carte du ciel interagissent ensemble et, si oui, de quelle manière : positive ou négative ? Certains aspects sont dits « majeurs » lorsqu'ils ont un impact important sur ta personnalité et tes forces ou faiblesses, tandis que d'autres sont considérés comme étant « mineurs » car ils ont un effet moindre sur ta personne.

N.B. : je te conseille de t'attarder sur les aspects uniquement lorsque tu seras assez à l'aise avec l'astrologie et la lecture de ton thème natal. Tu peux revenir à cette partie plus tard et à n'importe quel moment lorsque tu en auras besoin.

Les aspects positifs majeurs (en bleu sur la carte du ciel)

- **Le sextile** (60°) : aspect bénéfique qui lie deux planètes l'une à l'autre, dans des signes compatibles mais qui ont des éléments différents. Cet aspect est considéré comme synonyme d'harmonie et d'échange entre deux énergies qui se renforcent mutuellement.

- **Le trigone** (120°) : aspect qui lie deux planètes l'une à l'autre, dans des signes de même élément. Cet aspect facilite le soutien entre deux énergies et crée du bien-être et de la douceur.

Les aspects négatifs majeurs (en rouge sur la carte du ciel)

- **Le carré** (90°) : aspect de tension qui contrarie l'énergie de deux planètes, dans des signes considérés comme incompatibles et très différents. Cela représente une tension intérieure, un inconfort à surmonter et un obstacle de la vie dont il faut prendre conscience pour évoluer. C'est l'aspect le plus difficile à vivre.
- **L'opposition** (180°) : aspect inconfortable, voire contradictoire, qui oppose deux planètes de manière frontale, dont on dit alors qu'elles se situent dans des « signes opposés ». Cela peut créer un tiraillement intérieur et psychologique.

Les aspects spéciaux

- **La conjonction** (0° à 10°) : aspect qui unit deux, trois, voire quatre planètes qui se trouvent dans le même axe. Celles-ci se retrouvent donc en « superposition ». Cela peut stimuler positivement l'énergie qui se situe dans le signe en question ou, au contraire, créer des excès négatifs. C'est sûrement l'aspect le plus puissant sur un thème. La conjonction est représentée par un cercle vert qui entoure deux ou plusieurs astres.

- **Le quinconce** (150°) : en vert sur le thème, c'est un aspect mineur qui a tout de même beaucoup d'importance. Cet aspect vient soit soutenir l'énergie d'un des astres en question, lui demander de corriger son action, soit créer un conflit interne et provoquer beaucoup de nervosité intérieure en fonction des maisons qu'il va toucher.

Dix choses à savoir sur le Bélier

Sa période : 21 mars – 20 avril
Son mode : cardinal
Son élément : le feu
Planète : Mars
Maison : I, celle de l'identité, de la vitalité et de l'ego
Signe opposé : la Balance
Sa phrase clé : « Je suis. »
Sa couleur : rouge
Ses pierres : jaspe rouge et cornaline
Ses traits principaux : courage, enthousiasme, honnêteté, impatience, impulsivité, colère

Le Bélier au sein du zodiaque

Le Bélier est le premier signe du zodiaque, c'est un signe de feu, fougueux, passionné et leader, dirigé par Mars, ce qui lui vaut son tempérament courageux et son fort caractère. Il gouverne la maison I qui est celle de la vitalité, de l'ego, de soi. Son mode est « cardinal », cela signifie qu'il est le premier signe de sa saison, le printemps. Et cela influence son mode de fonctionnement ainsi que sa prise de décision : il est fonceur, déterminé et obstiné. Mais c'est également un véritable moteur, un créatif ou encore un entreprenant.

Le Bélier est né au début du printemps, après l'hiver et le froid ; tout redémarre avec l'énergie extraordinaire du Bélier. Les premiers bourgeons s'ouvrent, même si la météo est encore assez instable. C'est cette instabilité qui motive le Bélier à foncer, sans se poser trop de questions. Au lieu de fuir et d'avoir peur de l'avenir, il y va franchement sans se retourner. Ce n'est pas pour rien que, parmi les grands patrons, on peut observer beaucoup de Béliers. Ils sont nés pour être chefs, c'est clairement la locomotive du zodiaque !

Le Bélier est dominant, il ne supporte pas trop la contrariété. Il exprimera aussi bien ses désirs que sa colère. Il est réputé pour être très impulsif et il souhaite toujours être le premier. Ce qui ressort de cela, c'est qu'il a un besoin d'affronter, de combattre, avec un entêtement à toute épreuve. Mais il est également très généreux, il booste la confiance de celleux qui ont besoin de se motiver et de se dépasser. C'est un excellent allié, un super coach. Un ami qui donnera toujours le sourire à celleux qui l'entourent, tant qu'il n'y a pas de contrariété.

Il adore commencer les choses, entreprendre des projets, mais il passe aussi très vite à autre chose, ce qui l'empêchera aussi de terminer ce qu'il a commencé. Car pour se sentir bien, le Bélier a besoin d'être dans l'action et il n'est pas très doué pour les adieux ou tout ce qui implique la fin de quelque chose… Il préfère consacrer toute son énergie et son enthousiasme à entreprendre diverses actions.

En amour, le Bélier est dans la passion, il consomme et il brûle la chandelle par les deux bouts. Il aime conquérir de nouvelles personnes régulièrement. Le risque est évidemment que les relations soient de courte durée. Il est pourtant d'une nature fidèle quand il est amoureux, bien que son côté conquérant le pousse à papillonner quelque peu. Il risque aussi d'être un peu expéditif et peu romantique dans certaines situations.

Le Bélier est trop souvent considéré comme une personne colérique, rentre-dedans et jalouse. Or, c'est simplement un être qui est extrêmement enthousiaste et qui a besoin de partager son trop-plein d'énergie.

En résumé, **l'énergie du Bélier nous pousse à nous dépasser et à faire bourgeonner, puis fleurir, nos projets de demain**.

Cultiver le feu du Bélier en toi

Questions d'étoile

Es-tu fier·ère d'être né·e sous le signe du Bélier ? Pourquoi ?

....

....

Quelle est ta plus grande force, selon toi ?

Optimisme / Bravoure / Passion / Volonté / Autre

....

Donne un exemple avec un événement concret :

....

....

Quelle est ta plus grande faiblesse, selon toi ?

Impulsivité / Colère / Impatience / Brusquerie / Autre

....

....

Donne un exemple avec un événement concret :

....

....

Pensée positive

Répète-toi quotidiennement, le matin en te regardant dans le miroir ou le soir avant de te coucher : « Je suis fort·e, je mérite amour et abondance. »

Parce que le signe du Bélier est un guerrier, mais qu'il ne déborde pas moins d'amour pour la cause.

Défi

Lance-toi des petits défis quotidiens que tu notes dans un carnet (en mode *bucket list*) et offre-toi des récompenses (même petites) lorsque tu accomplis quelque chose que tu avais noté !

Cela te permettra de (r)éveiller ton esprit de compétition. Car, après tout, tu es en compétition avec toi-même au quotidien. Le Bélier ne cherche pas à être meilleur qu'autrui, mais à devenir une meilleure version de lui-même, jour après jour.

Gratitudes

Cite trois choses qui te rendent heureux·se en ce moment même (à voix haute ou pose-les à l'écrit).

....

....

....

La mythologie du Bélier

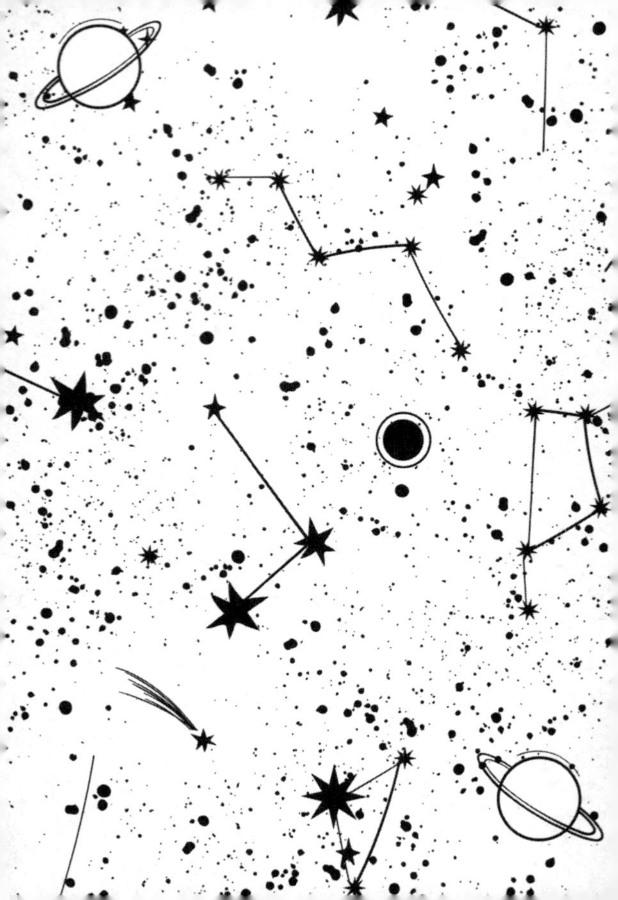

Le signe du Bélier représenterait le bélier volant Chrysomallos dans la mythologie grecque. Cette constellation serait la première constellation du zodiaque lorsque celui-ci fut établi, il y a plus de deux mille ans.

Ce signe représenterait l'énergie masculine par excellence, le *yang* de la personnalité d'un individu. C'est-à-dire la capacité d'action, la force, le rayonnement et l'élan.

Sa planète, Mars, dans la mythologie romaine, incarne le dieu de la Guerre et de la Violence. Les Romains avaient nommé le premier mois de l'année en son honneur (mars). Car, avant le calendrier grégorien, c'était le mois de mars qui commençait l'année avec l'arrivée du printemps. Mars est donc aussi le dieu du Printemps et de la Jeunesse car c'est elle qui est mobilisée pour les activités quotidiennes – et pour la guerre, bien évidemment.

Son équivalent grec est Arès.

MARS

Mars, planète maîtresse du Bélier

♂

Mars est la planète qui dirige le signe du Bélier. C'est la planète qui le représente et qui incarne toute la puissance et le courage de ce signe de feu.

Cet astre incarne le désir et la volonté, mais aussi les pulsions, la sexualité et parfois même la violence.

Sur ton thème natal, cette planète renseignera aussi sur la manière dont tu agis au quotidien et comment tu te projettes dans le monde. C'est ton désir de vivre, ton instinct de survie. Elle t'apporte dynamisme, confiance en toi, mais aussi une part d'impulsivité et de combativité.

Mars symbolise également l'énergie physique, l'affirmation, la force et le courage. C'est une énergie masculine qui évoque la guerre, la confrontation et la violence. C'est une énergie impulsive qui peut se montrer puissante et agir sous forme de pulsions. Elle est également associée à ta libido et à ta sexualité.

La question à te poser en voyant Mars sur ton thème est : « Pour quoi suis-je prêt·e à me bouger, à prendre des initiatives et me lever chaque jour ? »

Quand cette planète est en dissonance avec une autre (mauvais aspect ou opposition avec une autre planète du thème), elle peut créer de l'impatience, de la nervosité, de la colère et même de l'agressivité.

En effet, autant cette planète est importante pour mesurer la capacité d'action d'une personne, son dynamisme et sa réactivité. Autant elle peut, malheureusement, dans ses dérives causer de l'hyperactivité, des troubles du comportement, voire des accidents corporels (notamment lorsqu'il y a une dissonance avec Uranus qui représente l'inattendu et le changement brusque).

Dans ses bons aspects, Mars te permet de maintenir une certaine confiance en toi, d'être sportif·ve et en bonne santé. Il te permet aussi de t'imposer et de faire briller ton charisme naturel, ainsi que ta joie de vivre.

Enfin, si Mars rétrograde sur ton thème natal, cela signifie que tu es une personne qui a du mal à passer à l'action et qui peut avoir des problèmes de confiance en soi. Cela veut dire que tu intériorises ton affirmation personnelle, ton dynamisme. D'ailleurs, tu peux paraître calme, froid·e, car tu intériorises tout.

Mars est à domicile en Bélier. Cela signifie que la planète se trouve dans son signe, « chez elle » ; elle agit alors en harmonie parfaite avec son signe, le côté positif de la planète sera accentué.

Sa seconde maîtrise est en Scorpion.

Mars est en exil en Balance et en Taureau. La planète est alors dans le signe opposé à sa maîtrise habituelle, ce qui atténue fortement son énergie, et elle s'exprime même parfois de manière négative.

Mars est en exaltation en Capricorne. Cela montre que la planète et le signe se renforcent mutuellement, généralement de manière positive, mais aussi parfois avec excès et tension.

Mars est en chute en Cancer. La planète et le signe sont en conflit et auront tendance à agir de manières opposées en se laissant entraîner par le signe dans lequel ils se trouvent. Cela altère l'énergie de la planète et la freine.

Où se situe Mars sur ton thème natal ? (signe et maison)

....

....

....

Quelle relation entretiens-tu avec cette planète ? T'influence-t-elle beaucoup ?

....

....

....

....

....

....

Maison I, gouvernée par le Bélier

En astrologie, les maisons sont au nombre de douze, chacune d'entre elles étant initialement associée à l'énergie d'un signe du zodiaque. Chaque maison représente un champ d'action et d'expérience pour un individu. Ces douze maisons découpent le thème astral et permettent de mieux comprendre le fonctionnement d'une personne dans son quotidien, ses habitudes, ses comportements relationnels, etc.

La maison astrologique qui est dirigée par le signe du Bélier est la Maison I, la maison qui est gouvernée par ton signe ascendant.

D'une certaine manière, la maison I est teintée par l'énergie du Bélier. C'est la raison pour laquelle elle représente ton ego, ta vitalité, ton comportement et ta face sociale. C'est une maison qui teinte tout le reste de ton thème astral et l'une des premières clés de compréhension de ton monde intérieur, qui est si complexe.

En fonction du signe qui gouverne ta maison I, on va pouvoir observer comment fonctionne ta personnalité, comment tu visualises ton futur, tes objectifs de vie et ce pour quoi tu es capable d'investir énormément d'énergie. Elle montre aussi la manière dont tu réagis en société et comment (souvent) les autres te perçoivent lors de la première rencontre.

C'est le caractère que tu affiches et dans lequel tu peux souvent te reconnaître également.

Les planètes qui se trouvent dans cette maison vont généralement fortement teinter ta personnalité et même être dominantes lorsqu'elles se situent à moins de 10° de ton axe ascendant.

Cette maison peut aussi permettre de résumer ta vie, ton enfance du moins, et l'atmosphère dans laquelle tu as évolué.

N.B. : cette maison I n'est pas forcément en Bélier sur ton thème astral, vu que tu n'es pas forcément ascendant Bélier. Sache que cette maison est celle qui donne le ton concernant l'emplacement des autres maisons sur ta carte du ciel.

Le feu cardinal : élément et mode

De la bête à cornes flamboyante, la fable du Bélier

Lorsque le Créateur a déposé le Bélier sur terre, il lui a donné pour mission d'ouvrir le bal et de créer un grand feu de joie autour duquel il faut réunir ses compères, en toute sécurité.

Son élément est le feu, ce qui indique que c'est un être particulièrement enthousiaste, actif, téméraire et qui n'est pas effrayé par la prise de risque. Le Bélier est le premier à partir à l'aventure, de manière un peu naïve à certains moments. Il est passionné et généreux. Il sait également comment motiver ses troupes et les rassembler vers un objectif commun.

Son mode est cardinal, ce qui indique qu'il est le premier à prendre la parole, impatient et impulsif, il est même prêt à couper la parole de celleux avec qui il est en désaccord. Né au tout début du printemps, il sait que tout est à (re)construire et qu'il n'a pas de temps à perdre.

Archétype du chasseur, du guerrier ou encore du bûcheron, c'est un moteur au sein de la communauté. Son énergie vive et puissante permet aux autres signes de démarrer sereinement leur chemin de vie.

Les apprentissages du Bélier

LA FLAMME DE VOLONTÉ NE S'ÉTEINT JAMAIS.

MÊME À L'AUBE DE MON DERNIER PRINTEMPS,
J'APPRENDRAI ENCORE DES LEÇONS.

JE TOMBE SEPT FOIS, JE ME RELÈVE HUIT FOIS.

RIEN NE PEUT ÊTRE TOTALEMENT ACHEVÉ
SANS PASSION.

AVOIR CONFIANCE EN SOI
N'EST PAS UN SIGNE D'ÉGOCENTRISME.

Le signe du Bélier représente le feu qui jaillit, celui qui s'allume et celui qui donne l'impulsion au reste du zodiaque.

Le Bélier peut échouer une fois, deux fois, trois fois… même dix fois, peu lui importe ! Il se relèvera toujours et construira un nouveau plan tout neuf.

En constant apprentissage, il prend chaque expérience avec positivité. Avec son regard de grand enfant, il observe la vie comme si tout venait à peine de commencer à chaque fois.

Passionné jusqu'au bout, ce qu'il fait n'aura pas de sens s'il n'y met pas tout son cœur.

Né pour apprendre à se connaître avant toute chose et prendre confiance en ses propres capacités, il fait souvent cavalier seul et n'a pas peur de se mettre au-devant de la scène car il sait qu'il s'est incarné pour expérimenter la vie depuis son point de vue unique.

Les citations stars du Bélier

« ÊTRE UNE FEMME AUJOURD'HUI SIGNIFIE ÊTRE UNE BATTANTE. CELA SIGNIFIE ÊTRE UNE SURVIVANTE. CELA SIGNIFIE ACCEPTER D'ÊTRE VULNÉRABLE ET ADMETTRE SA HONTE, D'ÊTRE TRISTE OU EN COLÈRE. IL FAUT UNE GRANDE FORCE POUR FAIRE CELA. »

Lady Gaga, Bélier du 28 mars

Lady Gaga est une véritable représentante du signe du Bélier. Cette femme *on fire* ne s'arrête jamais ! Peu importe les embûches qu'elle a pu connaître lors de sa jeunesse (harcèlement, *body shaming*, etc.), elle a tout fait pour prouver son talent. Aujourd'hui, elle se bat pour les femmes et la cause LGBT+. Une warrior bien décidée à sortir des conventions !

« TU NE SAURAS JAMAIS CE DONT TU ES CAPABLE SI TU N'ESSAIES PAS. »

Sarah Michelle Gellar, Bélier du 14 avril

Sarah Michelle Gellar est la célèbre actrice qui a prêté ses traits à *Buffy contre les vampires*. Oui, rien que ça ! Et pour décrocher le rôle de la chasseuse de monstres, elle a dû prouver qu'elle était à la hauteur : ceinture noire de karaté, férue d'art martial au caractère affirmé ; c'est tout ce cocktail flamboyant qui lui a permis d'incarner l'héroïne favorite de plusieurs générations.

« JE REFUSE QUE LA PEUR DE L'ÉCHEC M'EMPÊCHE DE FAIRE CE QUI M'IMPORTE VRAIMENT. »

Emma Watson, Bélier du 15 avril

Emma Watson est une grande dame qui se bat pour ses convictions. Elle est aussi très sportive, d'ailleurs elle est diplômée en yoga. Fonceuse et indépendante, elle se bat pour les droits et la place des femmes dans la société. Elle suit toujours son instinct : comme quand elle choisit de laisser de côté son métier d'actrice afin de pouvoir décrocher son diplôme universitaire.

Indique, toi aussi, tes citations préférées :

....

....

....

....

....

....

....

....

....

....

....

....

Vices et vertus : l'héritage du Bélier

Entoure les caractéristiques du Bélier qui te correspondent.

Confiance	Entêtement	Optimisme	Humour
Obstination	Passion	Audace	Courage
Impatience	Leadership	Impulsivité	Franchise
Enthousiasme	Dynamisme	Colère	Sautes d'humeur

Confiance : ce signe s'est incarné pour prendre conscience de qui il est – et prendre confiance en ses capacités.

Entêtement: quand il a une idée en tête, il campe dessus. Peu importe ce qu'on lui dit.

Optimisme: il garde toujours la pêche et regarde toujours le verre à moitié plein, peu importe la situation.

Humour: toujours une blague dans sa poche, il n'en manque pas une pour faire rire les foules.

Obstination: déterminé, il ne se laisse pas abattre par le premier obstacle qui se présente.

Passion: pour lui, la vie ne mérite pas d'être vécue sans passion.

Audace: il réfléchit (très) vite et n'hésite pas à prendre des risques pour atteindre ses objectifs.

Courage: même lorsqu'il a peur, il prend des initiatives.

Impatience: il a du mal à rester en place et à attendre que les choses viennent à lui.

Leadership: il sait prendre les commandes pour mener à bien des actions et sublimer les qualités de chaque membre du groupe.

Impulsivité: sur un coup de tête, il peut prendre une décision et foncer dans le tas.

Franchise: il dit toujours spontanément ce qu'il a sur le cœur.

Enthousiasme : il est le premier à apporter bonne humeur et entrain dans un groupe.

Dynamisme : il déborde toujours d'énergie !

Colère : il peut vite monter en besogne et réagir sur une impulsion.

Sautes d'humeur : mais sa colère retombe aussi vite et il peut facilement changer d'humeur.

Les peurs du Bélier

Malgré son air de guerrier prêt à tout affronter, le Bélier a des peurs. Parfois très enfantines. En effet, il a peur du noir, des monstres sous le lit ou dans le placard… Mais il a surtout peur de l'autorité. En effet, vrai enfant gâté qui aime faire ce qu'il veut quand ça lui plaît, il a peur d'être contraint et privé de sa capacité d'action. Il n'apprécie pas qu'on l'oblige à faire certaines choses et que son indépendance soit bafouée.

Comment travailler sur tes peurs ?

Premièrement, en les acceptant, car la fierté du Bélier peut parfois être une entrave à l'acceptation de ses émotions, qui peuvent souvent être irrationnelles. Ensuite, le mieux est de te lancer de petits défis au quotidien pour les surmonter. Puis de te récompenser ! Le sport peut également être un bon exutoire pour te défouler et prendre confiance en tes capacités.

Les forces du Bélier

Foncer tête baissée dans le mur pourrait être la force numéro un de ce signe qui a la tête dure ! Mais heureusement pour toi, sache que ce n'est pas la seule qualité dont tu as pu hériter de ton signe ! Sa franche détermination et son instinct de survie sont sûrement à ajouter au tableau de ses forces !

Toujours paré à une invasion de zombis ou au réveil de Godzilla ! À la guerre, comme à la guerre ! Téméraire et vaillant, même s'il est effrayé, il avancera la tête haute pour triompher et ne pas se laisser distraire à la première embûche qui se trouve sur son chemin.

Comment développer tes forces ?

Pour faire brûler ton feu intérieur, il n'y a pas d'autre secret que celui d'apprendre à te connaître en profondeur, pour révéler tes forces et te focaliser sur elles. Tu peux observer autour de toi : pourquoi est-ce que les gens viennent vers toi ? Quels types de conseils demandent-ils ? Que souhaitent-ils que tu apportes dans leur vie ? Dès que tu as relevé deux ou trois forces, mets en place une discipline, une routine quotidienne, pour te permettre de les travailler davantage !

Les porte-bonheurs du Bélier

- **Jour porte-bonheur :** le mardi, qui fait référence à la planète Mars. Les jours où la Lune est en signe de feu lui sont également très bénéfiques.
- **Objet porte-bonheur :** un médaillon ou une médaille qui te rappellera qui est le·la numéro un dans ta vie !
- **Les lieux :** la salle de sport, les rassemblements sportifs ou encore le bureau seront tes lieux de prédilection, dans lesquels tu passeras des moments heureux et où tu feras de belles rencontres.
- **La destination du Bélier :** l'Amérique du Sud ! Brésil, Mexique, Pérou… ces pays où le soleil brille et où les randonnées, ainsi que les plus folles aventures, n'attendent que toi !
- **La fleur du Bélier :** la tulipe. Fleur printanière par excellence, au bulbe rouge remonté vers le haut, regardant fièrement le ciel et prête à lui lancer plus d'un défi. Cette beauté de la nature incarne parfaitement l'énergie de la bête à cornes enflammée.
- **L'animal porte-bonheur :** le bélier, tout simplement ! Mais également le chien, qui peut rappeler le côté fougueux et dynamique de ce signe.

- **La couleur du Bélier :** le rouge, comme la passion, le sang, la volonté, ou encore comme le chakra racine qui représente l'ancrage. Le fait d'être là, dans l'instant présent et de réunir l'énergie suffisante pour passer à l'action.
- **Le chiffre :** 1, chiffre qui guide ta vie, ainsi que toutes tes victoires.

As-tu déjà remarqué qu'un de ces symboles revient souvent dans ta vie ?

....

....

....

....

As-tu des anecdotes à raconter par rapport à ces petits porte-bonheurs ?

....

....

....

....

Les cristaux du Bélier

Chaque cristal diffuse une énergie particulière et possède ses vertus propres. Certaines de ces pierres semi-précieuses peuvent s'allier parfaitement à l'énergie de ton signe.

Jaspe rouge

Cette pierre vivifie l'esprit, stimule l'action et l'expression de soi. C'est une pierre parfaite pour stimuler ta confiance en toi. Elle aide aussi à mieux vivre la solitude et à garder le moral en période difficile. Elle booste tes projets et stimule ta créativité. Elle t'encourage et t'aide à réfléchir rapidement ainsi qu'à être plus organisé·e au travail.

Mots-clés: confiance, projets, action.

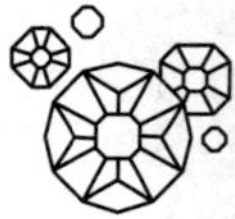

Rubis

Le rubis donne du courage pour gagner les combats menés. Attention à ne pas tomber dans l'excès d'impulsivité avec cette pierre. Elle éloigne les pensées mélancoliques et favorise la joie de vivre. Au niveau émotionnel, elle régule les fringales alimentaires causées par tes émotions. Attention: pierre déconseillée aux personnes colériques ou hypertendues.

Mots-clés: courage, optimisme, motivation.

Howlite

Cette pierre apporte l'apaisement et le calme. Elle favorise l'écoute des autres, la communication en général et est capable d'apaiser les personnalités les plus impulsives, ainsi que de calmer la colère et les pulsions. Elle permet aussi de lutter contre les peurs.

Mots-clés : apaisement, communication, douceur.

Cornaline

Cette pierre encourage à avoir une vie équilibrée et joyeuse. Elle favorise ta créativité et régule les potentiels problèmes liés à tes hormones (cycles menstruels, douleurs lors du cycle, etc.). Elle renforce ta confiance en toi, ta joie de vivre et t'apprend à vivre dans l'instant présent. Si tu es possessif·ve ou jaloux·se, elle te permettra de canaliser ces sentiments.

Mots-clés : créativité, confiance, joie de vivre.

Quartz hématoïde

C'est une pierre qui renforce l'énergie vitale. Elle varie entre l'orange et le rouge violacé. Elle active la joie et le côté chaleureux de la personne qui la porte. Elle stimule la circulation sanguine. Elle aide également à faire face aux difficultés quotidiennes. Enfin, elle permet de transformer les émotions négatives, notamment la colère, en force créatrice positive.

Mots-clés : courage, ancrage, positivité.

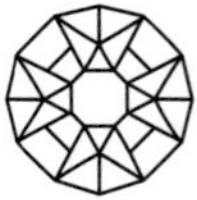

Grenat

Cette pierre est réputée pour apporter de l'énergie, de la force, du courage et de la persévérance. Elle peut t'aider à la réalisation d'un projet personnel en éloignant toute idée déviante ou inutile. Elle est également très connue pour booster la libido et conserver une bonne endurance physique.

Mots-clés : force, persévérance, énergie.

ENTRETIEN DES PIERRES

Les pierres semi-précieuses ont besoin d'un entretien particulier pour t'accompagner au mieux dans ton quotidien. Au moins une fois par mois ou lorsque la pierre perd de son éclat, il est bon de purifier puis de recharger tes cristaux.

Décharger les pierres :

- en les laissant reposer dans de l'eau légèrement salée ;
- en les passant dans de la fumée d'encens (fumigation) ;
- en les mettant dans un bol tibétain avant de le faire retentir ;

- en les déposant sur un gros lit de sel pendant plusieurs heures.

Recharger les pierres :

- en les posant dans un endroit éclairé par la lumière de la lune (nuit de pleine lune de préférence) ;
- en journée, en les laissant à la lumière naturelle (uniquement pour les pierres qui tolèrent les UV) ;
- en les posant sur une fleur de vie ou un coquillage ;
- en les posant sur un amas d'améthyste ou de quartz ou dans une géode.

Les différentes phases de la Lune

Depuis des millénaires, ce satellite naturel influence le quotidien des êtres vivants. Notamment par sa force gravitationnelle : la Lune aimante l'eau présente sur Terre et permet un plus grand soulèvement des marées ; mais aussi par sa lumière lorsque le Soleil se reflète dedans : elle éclaire nos nuits et nous permet de ritualiser la pénombre pour profiter davantage de la nature. D'ailleurs, nos ancêtres avaient pour coutume de planter les graines des légumes lors de la lune croissante, tandis que les grandes cérémonies avaient lieu lors de la pleine lune.

La Lune te guide et t'inspire quotidiennement en fonction de son mouvement, qui est cyclique. Un cycle de la Lune dure environ 29,5 jours. Soit un mois complet qui te permet de lancer de nouveaux projets ou de clôturer des activités qui ont été dûment menées au cours des derniers mois. En fonction de la phase lunaire en cours et du signe dans lequel se positionne la Lune, son énergie aura un impact différent et une signification particulière. Utilisée de manière judicieuse et consciente, l'énergie de la Lune peut t'aider à concrétiser tes objectifs du moment.

Les femmes sont particulièrement connectées au cycle de la Lune, notamment parce que le cycle féminin (qui dure en moyenne 28 jours) a tendance à se calquer sur celui de l'astre lunaire.

En astrologie, la Lune est considérée comme étant un luminaire, c'est-à-dire un point « lumineux » et « rayonnant » du thème astral qui donne énormément d'informations sur la construction de ton inconscient, ton âme et ton intimité. Le signe qui est traversé par la Lune sur ton thème natal est appelé le « signe lunaire » ; il dévoile ta sensibilité, tes émotions et tes besoins quotidiens.

Pour connaître les dates précises des phases de nouvelle lune (nouveau cycle) et de pleine lune (climax du cycle en cours), tu peux te rendre sur la page d'accueil de mon site astrolya.be sur lequel les dates des lunaisons et des transits de planètes sont régulièrement mises à jour.

Le cycle de la Lune

La nouvelle lune

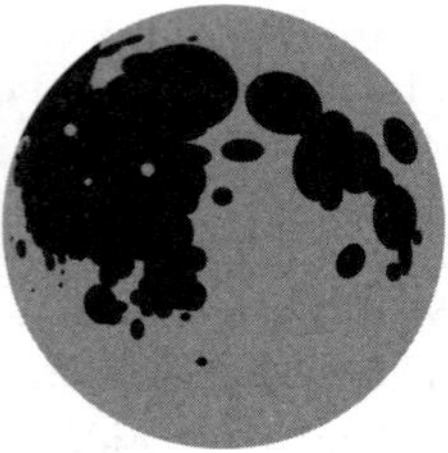

Lorsque la Lune est « noire », invisible dans le ciel car cachée par le Soleil, on dit que c'est la phase de « nouvelle lune ». Cette phase est la première du cycle lunaire, pour ne pas dire la plus importante, c'est le signal qu'une page blanche s'offre à toi ! C'est le moment de démarrer quelque chose de nouveau et de planter des graines de projets pour le nouveau cycle qui démarre. Pose tes intentions et n'aie pas peur de viser haut !

À faire durant cette phase de lune : rédiger tes intentions, démarrer un nouveau projet, imaginer des plans pour le futur.

Lune croissante

L'énergie monte doucement, mais sûrement. Tu peux trouver l'inspiration, conceptualiser, faire des déclarations… C'est la dernière réflexion à avoir avant de passer à l'action, c'est le moment parfait pour commencer à te focaliser sur les détails de ton plan établi lors de la nouvelle lune. Visualise précisément tes désirs et tes espoirs sur le monde qui t'entoure.

À faire durant cette phase de lune : conceptualiser, vérifier, évaluer la situation, établir des plans d'action.

Premier quartier

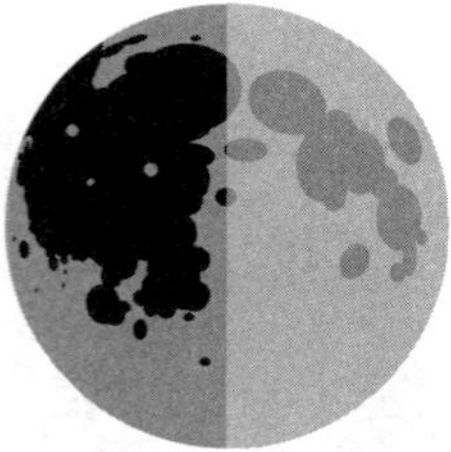

L'action est de mise ! C'est le moment ou jamais de te challenger car l'énergie de cette lunaison t'aide à concrétiser tes objectifs en t'ouvrant la voie vers de nouveaux chemins. Quelques obstacles peuvent se dresser devant toi, alors reste fort·e et lance-toi !

À faire durant cette phase de lune : agir, créer, bouger, se challenger, atteindre ses objectifs.

Gibbeuse montante

C'est la phase des ajustements. Elle représente le moment où tu rassembles tes forces avant de sprinter jusqu'à la ligne d'arrivée. Tu nourris ta vie d'énergies nouvelles, tu fais des corrections, tu ajustes tes plans, tu les redéfinis… Bref, tu alignes tes demandes avec tes actions.

À faire durant cette phase de lune: adapter, corriger, modifier, respirer, faire preuve de patience.

Pleine lune

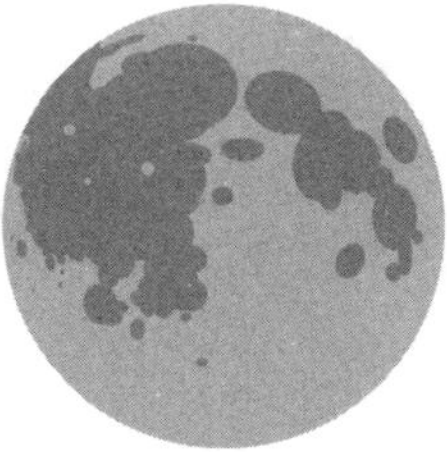

Les émotions se relâchent, tout ce qui ne te sert plus se clôture avec un chapitre de ton passé. C'est un moment de célébration, de victoire, de gratitude et d'épanouissement. Les pages de ce cycle se tournent, de l'espace se libère, en toi et autour de toi, pour laisser place à des nouveautés qui te correspondent davantage.

À faire durant cette phase de lune : relâcher la pression, célébrer, remercier, clôturer, prier.

Lune disséminante

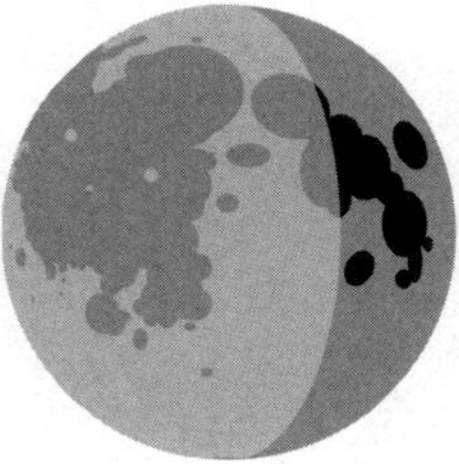

C'est une phase de récolte et de repos, durant laquelle tu accueilles les derniers bénéfices de ce cycle lunaire. Tu reçois, et il ne tient qu'à toi de donner également aux autres et de partager avec tous·tes celleux qui se trouvent autour de toi.

À faire durant cette phase de lune : récolter, partager, relâcher les dernières tensions, clôturer définitivement.

Dernier quartier de lune

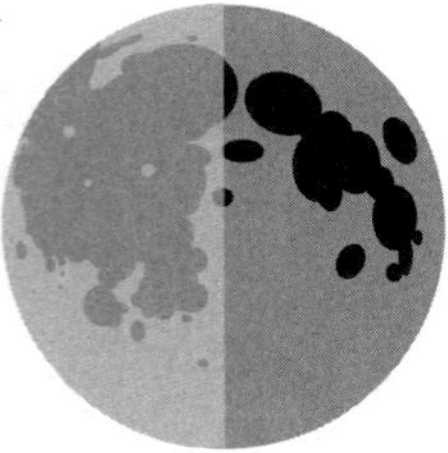

C'est une phase de transition, d'intégration et de pardon. Toutes les énergies négatives ont été évacuées, tu as laissé tes mauvaises habitudes derrière toi et tu t'ouvres désormais à de nouvelles perspectives. C'est une période généralement très calme, pour ne pas dire « creuse », au cours de laquelle il ne se déroule pas grand-chose. Car tout est parfait ainsi, que la situation soit confortable ou inconfortable : tu acceptes le changement.

À faire durant cette phase de lune : se transformer, modifier ses habitudes, accepter ce qui est, s'ouvrir à la nouveauté.

Lune balsamique

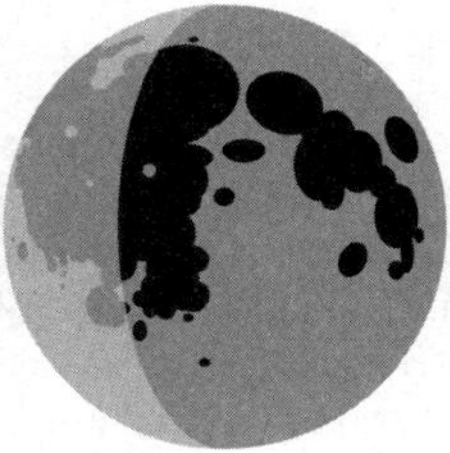

Cette dernière phase de lune avant le retour à la case départ t'intime de te reposer, de rester au calme et de te laisser guider par ton intuition. Prends le recul nécessaire pour observer les quatre dernières semaines qui se sont écoulées, remercie-toi, dresse la liste de tes gratitudes et prépare-toi à entrer dans un nouveau cycle.

À faire durant cette phase de lune : se reposer, prendre du recul, s'écouter, être doux·ce envers soi-même, guérir.

Les lunaisons en Bélier

Nouvelle lune en Bélier

Environ une fois par an, la Lune passe à travers ton signe astrologique : une fois lorsqu'elle est en phase de nouvelle lune (non visible depuis la Terre) et, une seconde fois, lorsqu'elle est en phase de pleine lune. Cela n'arrive pas chaque année, tout dépend du calendrier astral et lunaire, ainsi que du déplacement de la Lune. Cependant, lorsque les cycles lunaires entrent en cohésion avec ton signe astrologique, c'est le moment de faire le plein de bonnes énergies et de t'aligner avec ton toi profond.

Bien vivre une nouvelle lune en Bélier (début du printemps)

Ce genre de nouvelle lune amplifie clairement le dynamisme et le courage du Bélier. C'est donc le moment de commencer quelque chose de nouveau, de sortir de ta zone de confort. Pour ce faire, munis-toi d'une cornaline, elle te permettra de manifester ta joie au quotidien. Elle favorise le lien que tu as avec ta féminité – ou avec ton énergie féminine du moins –, elle t'aidera en plus à te sentir plus beau·belle et, du coup, à avoir confiance en toi.

Ce beau combo te donnera le courage de mettre en place ce que tu veux dans ta vie.

Bien vivre une pleine lune en Bélier (début de l'automne)

Le mot d'ordre est : apaiser tes émotions. Il s'agit là d'un pic émotionnel pour toi, cher petit Bélier. Alors, fais attention à ta manière de réagir avec ton entourage, à ton comportement parfois brusque, tu pourrais blesser les gens qui t'entourent. Tu peux canaliser ton énergie de feu avec des activités qui bougent mais qui seront saines pour toi, comme le yoga, la marche ou la course. Ton impulsivité peut être un problème si tu laisses tes émotions et ton énergie s'emballer. Mais ça peut être un fabuleux atout lorsqu'elle est mobilisée pour affronter tes peurs. Alors, apprends à prendre du recul et surtout, écoute-toi : écoute tes émotions.

Rituel du Bélier

Voici un rituel pensé sur mesure pour une lunaison en Bélier, ou idéal à réaliser lors d'une nouvelle lune. Pour ce rituel, tu as besoin de :

- prendre des marqueurs de couleurs, un stylo noir, une feuille et des ciseaux ;

- t'installer confortablement dans une pièce calme ;
- te munir d'huile essentielle d'orange douce ou de mandarine.

1. Installe-toi, assis·e face à la table. Pose quelques gouttes de l'huile essentielle que tu as choisie sur tes poignets et imprègne-toi de cette senteur particulière, de ces effluves liées au chakra du plexus solaire et donc de la confiance en soi.
2. Ensuite, essaie de te souvenir des compliments qu'on te fait régulièrement et de trouver un exemple pour chaque trait de caractère et chacun de tes talents, avec des situations très concrètes.
3. Si tu le souhaites, écris ces compliments sur un papier, puis découpe chacune des affirmations et place-les dans une boîte que tu ouvriras les jours où tu as un coup de mou.

D'autres astuces pour brûler de confiance en toi :

- Répète-toi quotidiennement, le matin en te regardant dans le miroir ou le soir avant de te coucher : « Je suis fort·e, je mérite amour et abondance. »
- Tu peux également demander à des personnes (bienveillantes et de confiance) ce qu'elles aiment chez toi. Souvent, les personnes qui nous aiment

portent un autre regard sur nous et soulignent des choses que l'on oublie (trop) fréquemment…

- Lance-toi des petits défis quotidiens que tu notes dans un carnet (en mode *bucket list*) et offre-toi des récompenses (même petites) lorsque tu accomplis quelque chose que tu avais noté !

Ce sont autant d'exemples pour apprendre à te (re) connecter à l'énergie flamboyante et dynamisante du Bélier.

Ton climat intérieur : feu ou glace ?

Même si tu es né·e sous le signe du Bélier, sache que ton élément dominant n'est pas forcément le feu ! Tu peux très bien être un Bélier de terre, d'air ou d'eau. Cela dépend du nombre de planètes de ton thème astral qui se trouvent dans tel ou tel élément.

Par exemple, une personne qui est Bélier, mais avec six planètes en élément terre risque fortement d'avoir une dominante dans cet élément. Bien évidemment, cela va influencer sa personnalité et sa manière d'être. Dans cet exemple, un Bélier de terre sera beaucoup moins fonceur et impulsif qu'un Bélier pur feu !

Pour connaître ton élément dominant, rends-toi sur astrotheme.fr dans l'onglet « Calcul de l'élément dominant », pour en savoir davantage sur ta personnalité et ton thème natal.

Quel est ton élément dominant ? Sur quel(s) point(s) t'y retrouves-tu ?

....

....

....

....

Périodes critiques et périodes aisées

As-tu déjà remarqué que tu te sens bien à certaines périodes de l'année et beaucoup moins lors d'autres périodes ?

....

....

Quelles sont les périodes durant lesquelles tu te sens le mieux ? (Mois en particulier, saison, etc.)

....

....

Quelles sont les périodes durant lesquelles tu te sens le moins bien dans ta peau ? (Mois en particulier, saison, etc.)

....

....

Généralement, les personnes nées sous le signe du Bélier peuvent se sentir particulièrement bien lors des périodes où le Soleil transite dans les signes de feu : Bélier (avril), Lion (août) et Sagittaire (décembre). On dira que le ciel leur est favorable. Tandis que les saisons du Capricorne (janvier) et du Cancer (juillet) peuvent être plus difficiles à vivre car le Soleil est en carré (aspect négatif) avec tes énergies. Enfin, la saison de la Balance est un parfait moment pour poser un premier bilan sur ton année en cours. C'est la période où le Soleil est dans ton signe complémentaire, ce qui veut dire que tu es à mi-parcours. Car, en astrologie, on part du principe que ton année personnelle débute à la date de ton anniversaire. Une carte spéciale appelée « révolution solaire » peut être dressée chaque année à la date de ton anniversaire pour voir les événements marquants et importants de ton année en cours.

Les dernières périodes qui peuvent t'être particulièrement favorables sont celles du Verseau (février) et des Gémeaux (juin).

Avais-tu déjà observé ces fluctuations dans ton énergie ? En as-tu déjà observé d'autres ? Si oui, quelles sont ces périodes et à quoi peux-tu les rattacher ?

....

....

Le chemin de vie du Bélier

Pour mieux comprendre le chemin de vie d'une âme, l'astrologie propose de s'attarder sur les nœuds lunaires. Ce sont deux points mathématiques qu'on calcule dans le ciel sur base de la position de la Lune au jour et à l'heure de la naissance.

Le **nœud Sud** représenterait « l'acquis » d'une personne. Ses capacités innées, ses habitudes, sa manière d'agir dans son passé (voire dans une potentielle vie antérieure selon l'astrologie karmique) et certains astrologues partent même du principe que c'est le signe astrologique qu'on avait dans son ancienne vie.

Le **nœud Nord** représenterait « l'évolution », pour ne pas dire l'accomplissement, ce vers quoi on doit aller pour s'épanouir et trouver la parfaite harmonie, la paix intérieure. Ce sont les compétences qu'il conviendrait d'acquérir et d'apprendre pour cheminer vers son projet d'âme.

Ces nœuds lunaires se trouvent toujours dans les signes complémentaires car ils s'opposent exactement à 180° l'un de l'autre. Ainsi, si tu as, par exemple, ton nœud Sud en Balance, ton nœud Nord sera en Bélier. Pour calculer leur emplacement, c'est toujours la même formule : rends-toi sur astrotheme.fr, dans l'onglet « Ascendant et thème astral ».

Exemple d'interprétation :
Un nœud Sud en Balance indique qu'une personne a pu passer sa vie à se dédier aux autres (et particulièrement à un·e partenaire de vie sentimentale) ; dans ses habitudes, cette personne cherche toujours à satisfaire les autres, à être dans le compromis. Le nœud Nord en Bélier lui demande donc de s'affirmer pour ne pas/plus se laisser influencer par l'avis et les besoins d'autrui, et d'écouter son instinct et de construire sa vie pour soi.

Évolution et expansion du Bélier : énergie non évoluée *vs* énergie évoluée

Évolution et expansion du Bélier

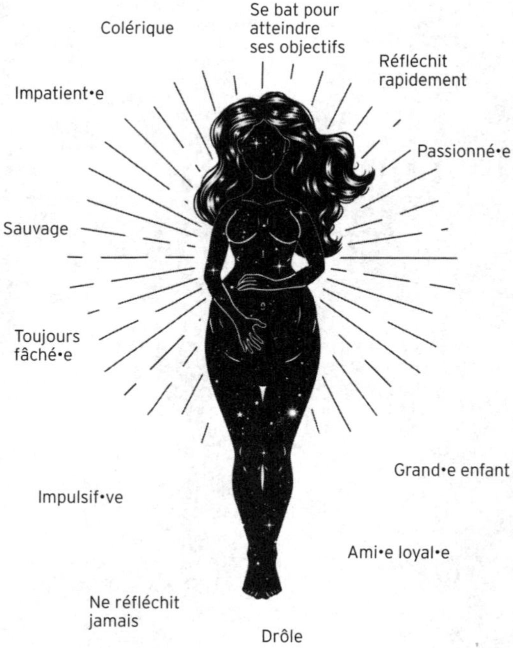

Sur son chemin de vie, le Bélier apprendra à œuvrer pour son bien-être et celui des personnes qui l'entourent.

Dans ses énergies dites de « basse fréquence », le Bélier remplit les stéréotypes et les clichés qui lui sont accolés : c'est un être colérique, impulsif, sauvage, avec qui on ne peut jamais avoir une réelle discussion car il est trop impatient, borné et il se fâche pour un rien.

En revanche, dans ses énergies dites de « haute fréquence », le Bélier transformera sa colère en force pour atteindre ses objectifs, il fera de son impatience une réflexion rapide, et il transformera son impulsivité, ainsi que sa fougue, en une vive passion qui le conduira jusqu'à ses plus belles aventures.

Passer de l'énergie non évoluée à l'énergie évoluée est un travail de longue haleine qui nécessite du temps et de la compréhension de soi… Le secret est d'abord d'accepter tes faiblesses pour, ensuite, sublimer tes points forts.

« JE SUIS UN RAYON DE SOLEIL
MIXÉ À UN OURAGAN.
J'ALLUME LES PASSIONS
ET J'ANIME LA JOIE DE VIVRE. »

Les blessures du Bélier

Un sujet moins agréable et moins « fun », mais qui a également tout son sens. Si une blessure peut souvent se caractériser *via* une peur, elle peut également entraver ton chemin de vie et t'empêcher de briller pour qui tu es réellement.

Ta première blessure : ton individualisme, la peur de ne pas exister pour toi-même

Tu recherches une preuve de ton existence chez les autres et tu en souffres si tu ne la trouves pas. Tu peux te sentir obligé·e de parler fort et de taper du poing sur la table. Cette blessure te demande de prouver ton existence à travers tes actes. Tu peux te montrer individualiste en cherchant, par exemple, à tout ramener à toi. Tu peux ressentir à certains moments la peur d'entreprendre, de la violence, et essayer de pallier cela en cherchant à accomplir des actes héroïques, en devenant un chef·fe, en montrant ta puissance ou encore en ayant de la force. Tu peux aussi être angoissé·e à l'idée de devoir agir seul·e ou de ne pas pouvoir contrôler l'autre. Tu rêves d'être ton héros intérieur et tu recherches la perfection de l'acte juste.

Ta seconde blessure : la passion, cette envie de mettre le feu aux poudres

Blessure partagée avec ton acolyte martien, le Scorpion, tu as peur de ne pas vivre ta vie selon le feu de tes entrailles et tes réels désirs. Tu crains de te laisser emporter par l'influence que les autres peuvent avoir sur toi et de ne plus écouter ta propre voix (voie) intérieure. Tu peux réfuter l'avis d'autrui, traverser un chemin seul·e ou commettre des erreurs à cause de cela. Tu dois apprendre à laisser entrer l'autre dans ta vie sans que cela ne crée des conflits entre toi et ton for intérieur ; à ne plus voir l'autre comme une menace, mais comme une invitation à voir les choses différemment.

Ces blessures sont amplifiées si tu as Chiron ou Lilith (Lune Noire vraie) en Bélier et/ou en maison I sur ton thème.

Comment soigner ces blessures ?

Tu dois apprendre à utiliser ta combativité quand c'est nécessaire. Ton chemin est d'assumer qui tu es, de prendre le temps nécessaire pour développer ta force sans avoir peur du jugement des autres. Tu prendras alors plus d'initiatives, tu feras preuve de courage et de volonté. Tu seras d'ailleurs capable d'aider les autres à s'imposer naturellement également. Tu accepteras alors ta fonction de leader né·e.

Points d'amélioration du tempérament Bélier

Impatience : pour améliorer ce premier point, apprends à poser tes idées sur papier ou dans un mémo sur ton téléphone. Structure tes nombreux projets et apprends à faire le tri entre « l'important qui est urgent » et « l'important qui peut être reporté à demain ».

Colère : rien de tel qu'une bonne activité sportive pour te dépenser ! Course, musculation, art martial, boxe, yoga… à toi de trouver l'activité physique qui te permet de canaliser ta colère et/ou ton trop-plein d'énergie.

Impulsivité : plus facile à dire qu'à faire. Essaie de demander conseil à celleux que tu aimes avant de foncer tête baissée dans un projet qui n'a pas de réel sens pour toi.

Mots brusques/blessants : avant de dire à l'autre ses « quatre vérités » et ce que tu ressens au fond de toi, dis ces mots à voix haute, dans le miroir en te regardant droit dans les yeux. Demande-toi comment tu réagirais, si on te disait tel ou tel mot ou qu'on appuyait là où ça fait mal. Reformule tes propos jusqu'à ce que tes mots soient plus doux.

Cœur d'artichaut : dois-tu vraiment y résister ? Si la passion qui t'embrase à divers moments te cause du tort, alors dresse une liste de « pour » et de « contre » de ce coup de cœur. Demande-toi si cette personne est réellement bonne pour toi ou si ce n'est pas simplement une idéalisation soudaine.

Dans quelles proportions es-tu Bélier ?

Authentique, tu es simple, franc·he et plutôt dynamique :

OUI ❑ NON ❑

Tu te montres souvent impatient·e car tu réfléchis (trop) vite :

OUI ❑ NON ❑

Tu aimes faire rire celleux qui t'entourent :

OUI ❑ NON ❑

Tu as un côté leader et entreprenant :

OUI ❑ NON ❑

Tu kiffes les challenges et la compétition :

OUI ❑ NON ❑

Têtu·e et persévérant·e, tu as une volonté de fer :

OUI ❑ NON ❑

Tu es capable de te montrer courageux·se quand il le faut :

OUI ❑ NON ❑

Tu as du mal avec les personnes lentes et longues à la détente :

OUI ❑ NON ❑

Tu rêves de créer ton propre projet et d'être chef·fe d'entreprise :

OUI ❑ NON ❑

Peu importe les *red flags*, tu n'en feras toujours qu'à ta tête :

OUI ❑ NON ❑

VERDICT ! À quel pourcentage es-tu réellement Bélier ? (1 OUI = 10 %)

....

....

As-tu déjà observé qu'un autre signe prenait beaucoup de place au sein de ta personnalité ? Si oui, lequel ? Pourquoi ?

....

....

....

Le Bélier au travail

Le Bélier brille au travail, pour ne pas dire que c'est le milieu dans lequel il rayonne le plus. Le bureau est l'endroit idéal pour que son ambition et sa créativité se manifestent. Leader-né naturel et compétitif, il aime donner le meilleur de lui-même et diriger une, voire plusieurs équipes. Après tout, il préfère donner des ordres plutôt que de les recevoir. Sa grande énergie et sa rapidité d'esprit l'aident toujours à avoir une longueur d'avance sur autrui. La seule chose qu'il doit faire pour réussir, c'est suivre son chemin de prédilection, écouter son instinct et foncer ! Il doit veiller à ne pas abandonner ses plans professionnels sur un coup de tête.

Face à un défi, le Bélier évaluera rapidement la situation pour trouver tout aussi rapidement une solution au problème. La concurrence l'encourage à donner encore plus et à se motiver.

Même si le Bélier n'est pas le plus économe, ses dépenses et ses risques en valent souvent la peine car il sait ce qu'il fait et ce qu'il veut. Il vit dans l'instant présent, même s'il regarde franchement vers l'avenir également. Son impatience peut le rendre irrationnel et hâtif en ce qui concerne les décisions professionnelles et financières. Pourtant, il semble toujours trouver un moyen de gagner – ses défis et de l'argent – et de compenser ce qu'il a dépensé en temps et en énergie. Ce signe est né pour travailler et triompher.

Sa carrière idéale : sportif·ve de haut niveau, manager, gestionnaire, chef·fe de direction, policier·ère, militaire, commercial·e, responsable marketing, chef·fe d'entreprise, etc.

Le Bélier en famille

Indépendant et très ambitieux, le Bélier sait ce qu'il veut, même si cela peut souvent le pousser à quitter tôt son foyer et sa famille pour atteindre ses objectifs personnels. Enfant, il peut avoir des troubles de concentration et des difficultés à canaliser sa grande énergie. S'il ne reçoit pas assez d'amour et de patience de la part de ses parents, tous ses liens intimes – et particulièrement sa relation amoureuse – pourraient en souffrir plus tard. Il a plus de facilités à s'entendre avec les gens de sa génération qu'avec ses aînés, qui représentent une trop grande autorité à son goût.

De la colère peut jaillir de son cœur si trop de restrictions lui sont imposées. S'il fait partie d'une famille avec des personnalités enjouées, joviales et indépendantes, il pourra alors nourrir des liens plus facilement avec eux. Même lorsque ce n'est pas le cas, il peut se refermer sur lui-même et toujours chercher à vivre à l'extérieur pour ressentir cette sensation de liberté qu'il cherche tant au cours de sa vie.

Les compatibilités amicales du Bélier

La vie sociale du Bélier est toujours mouvementée, chaleureuse et remplie de nouvelles rencontres! C'est un être très tolérant envers les personnes avec lesquelles il entre en contact. Il respecte grandement les différences d'autrui. D'ailleurs, il est particulièrement friand de l'ouverture que ces gens peuvent provoquer chez lui par leur simple présence. Le Bélier est direct et honnête dans son approche, il n'est jamais ambigu ni cachotier. Il tisse énormément de connexions au cours de sa vie. Spontané et sociable, il sait comment faire une bonne première impression et marquer les esprits. Cela lui confère certaines qualités pour se faire facilement des amis. Cependant, il est aussi capable de couper les ponts, du jour au lendemain, à cause de la malhonnêteté de certain·e·s ou d'un manque de transparence.

Il recherche des amitiés à long terme avec des personnes enthousiastes, drôles et courageuses.

L'amitié du Bélier : signe par signe

Bélier – Bélier : deux bons amis qui feront les 400 coups ensemble ! Du moment qu'ils ne cherchent pas à entrer en compétition l'un avec l'autre…

Bélier – Taureau : les bêtes à cornes font de très bons amis car ils sont tous les deux loyaux, honnêtes et prêts à discuter avec l'autre quand il le faut. Leur seul problème ? Leur entêtement à outrance !

Bélier – Gémeaux : une vraie paire de meilleurs amis qui font la fête jusqu'au bout de la nuit et se partagent le meilleur du pire comme anecdotes !

Bélier – Cancer : ces deux-là s'entendent difficilement car le Bélier trouve le Cancer trop sensible et le Cancer trouve le Bélier trop rentre-dedans !

Bélier – Lion : ils s'adorent ! C'est compliqué de trouver une paire qui rivalise avec celle-ci tant ils passent du bon temps ensemble.

Bélier – Vierge : leur entente est mitigée ! La Vierge peut paraître trop froide et critique aux yeux du Bélier, tandis que celui-ci énervera la Vierge avec son manque de rationalité.

Bélier – Balance : c'est souvent ambigu entre eux deux et cela peut vite virer sur une passion amoureuse… Mais ils font de bons amis aussi !

Bélier – Scorpion : partenaires par-delà la mort, quand ces deux-là se trouvent, ils se lâchent rarement. Sauf si leur impulsivité prend le dessus sur leur belle alchimie.

Bélier – Sagittaire : deux optimistes et curieux de tout qui se rencontrent, ça fait de belles étincelles et ça matche !

Bélier – Capricorne : quand on parle travail et ambition, ils s'accordent… Mais lorsque l'un essaie de prendre le dessus sur l'autre, là, ça devient compliqué !

Bélier – Verseau : ils s'apprécient beaucoup car ils partagent énormément d'activités ! L'humour du Bélier égaye le Verseau et celui-ci propose au Bélier de réfléchir davantage avant de passer à l'action.

Bélier – Poissons : le feu du Bélier active l'énergie des Poissons et ces derniers aident la bête à cornes à affirmer ses émotions. Ça peut très bien fonctionner en amitié !

Thermomètre amical

Gémeaux

Taureau

Sagittaire

Lion

Scorpion

Balance

Verseau

Vierge

Poissons

Capricorne

Cancer

Bélier

Tes amitiés astrales

Prends le temps d'écrire ici le nom des personnes qui font partie de ton entourage, leurs signes astrologiques et les choses que tu apprécies et/ou que tu admires le plus chez celles qui constituent ton univers. Car, bien souvent, les personnes qui nous inspirent le plus font partie de notre cercle proche.

Et tu sais ce qu'on dit en astrologie : « Il n'y a pas de hasard, que des rencontres… avec des âmes sœurs ! »

Prénom et nom de cette Âme Sœur :

....

Son signe astrologique (et ascendant, si tu le connais) :

....

Jour de notre rencontre (et/ou lieu) :

....

Ce que j'apprécie particulièrement chez elle ou lui :

....

Prénom et nom de cette Âme Sœur :

....

Son signe astrologique (et ascendant, si tu le connais) :

....

Jour de notre rencontre (et/ou lieu) :

....

Ce que j'apprécie particulièrement chez elle ou lui :

....

Prénom et nom de cette Âme Sœur :

....

Son signe astrologique (et ascendant, si tu le connais) :

....

Jour de notre rencontre (et/ou lieu) :

....

Ce que j'apprécie particulièrement chez elle ou lui :

....

Prénom et nom de cette Âme Sœur :

....

Son signe astrologique (et ascendant,
si tu le connais) :

....

Jour de notre rencontre (et/ou lieu) :

....

Ce que j'apprécie particulièrement chez elle
ou lui :

....

Prénom et nom de cette Âme Sœur :

....

Son signe astrologique (et ascendant,
si tu le connais) :

....

Jour de notre rencontre (et/ou lieu) :

....

Ce que j'apprécie particulièrement chez elle
ou lui :

....

Prénom et nom de cette Âme Sœur :

....

Son signe astrologique (et ascendant, si tu le connais) :

....

Jour de notre rencontre (et/ou lieu) :

....

Ce que j'apprécie particulièrement chez elle ou lui :

....

Les compatibilités amoureuses du Bélier

Le Bélier aime prendre des initiatives en matière de romance. Il n'hésitera jamais à faire le premier pas lorsque quelqu'un·e lui plaît. Quand il tombe sous le charme, il exprime ses sentiments de manière très vive, sans y réfléchir longuement. La compatibilité d'un Bélier avec les autres signes du zodiaque est très complexe, car autant il recherche des aventures rapides et passionnées à certains moments, autant il recherche un amour intense et profond à d'autres périodes. Il faut donc apprendre à le saisir au bon moment – en fonction du type de romance qu'on cherche ! Un Bélier est un amoureux passionné, parfois même accro aux plaisirs de la chair et aux rencontres sexuelles.

Mais quand il aime vraiment, c'est une âme qui est capable de donner tout à son Autre dès qu'il le peut.

Les meilleures compatibilités pour le Bélier

Balance, Sagittaire, Lion, Gémeaux, Verseau, Scorpion, Bélier[1].

L'amour du Bélier : signe par signe

Bélier – Bélier : tout feu tout flamme ! La passion entre ces deux-là peut durer comme elle peut retomber aussi vite, selon les objectifs et les désirs de l'un et de l'autre.

Bélier – Taureau : ce n'est pas le match le plus évident, mais il peut bien fonctionner si les deux décident de travailler leur entêtement excessif pour privilégier l'amour et la communication.

---

1. Les compatibilités notées ici sont dites « générales », ce sont uniquement les compatibilités entre les différents signes solaires, le thème astral n'est pas pris en compte.

Bélier – Gémeaux : le Bélier sait comment surprendre les Gémeaux au quotidien. Cela permet à la relation de s'épanouir sur le long terme sans que les Gémeaux ne se lassent.

Bélier – Cancer : montagnes russes émotionnelles assurées ! Si les deux partenaires n'acceptent pas leurs défauts respectifs, alors cela sera très compliqué de faire vivre cette relation.

Bélier – Lion : sûrement une des paires, pour ne pas dire LA paire qui fonctionne le mieux en amour pour ces deux êtres de feu – et de passion.

Bélier – Vierge : c'est une paire étonnante, mais qui peut fonctionner si les deux y mettent du leur pour trouver un bel équilibre. En revanche, une rupture brusque et soudaine peut survenir.

Bélier – Balance : soit ils s'aiment, soit ils se détestent, mais il n'y a pas d'entre-deux ! Ces deux signes complémentaires doivent faire fleurir leur amour et l'entretenir pour que cela dure.

Bélier – Scorpion : chaud devant ! C'est le couple le plus *hot* du zodiaque, c'est *caliente* sous la couette… Mais ça peut aussi être toxique si la possessivité et la jalousie prennent le dessus !

Bélier – Sagittaire : lorsque ces êtres de feu se rencontrent, ils partent faire un tour du monde pour explorer leur amour sous toutes ses formes ! Et c'est ça qui est beau.

Bélier – Capricorne : un amour possible si les deux partenaires acceptent de ranger, de temps en temps, leur ambition pour passer du temps ensemble et s'apprécier l'un et l'autre.

Bélier – Verseau : un couple d'amis-amoureux qui fonctionne très bien et qui permet à ces deux âmes libres de vivre leur vie en la pimentant ensemble.

Bélier – Poissons : une paire pas si rare que ça qui permet aux deux partenaires de vivre intensément leurs émotions sans se sentir jugés par quiconque. Ensemble, ils rayonnent.

Thermomètre amoureux

Lion

Scorpion

Sagittaire

Verseau

Gémeaux

Balance

Taureau

Bélier

Poissons

Vierge

Capricorne

Cancer

L'amour sur ton thème astral

Pour mieux comprendre ta manière de fonctionner en amour, repère où se trouvent les éléments importants à observer sur ta carte du ciel. Réfère-toi au tableau de la page suivante pour mieux comprendre tes planètes. Pour chacune d'entre elles, tu peux compléter les qualificatifs en te référant au signe dans lequel elle se trouve sur ta carte du ciel.

Pour rappel, rends-toi sur astrotheme.fr dans l'onglet « Ascendant et thème astral » pour découvrir tes placements de planètes.

Vénus, planète de l'amour, des sentiments et des valeurs.

J'ai Vénus en

....

Ce qui veut dire que j'aime de manière

....

Mars, planète de l'action, des désirs et de la sexualité

J'ai Mars en

....

Ce qui veut dire que je désire de manière

....

Descendant et ascendant

Le signe descendant représente le type de personnes qui m'attirent et ce que je recherche dans mes relations avec les autres. Il montre aussi comment j'interagis avec ceux qui m'entourent et ce dont j'ai besoin sur le long terme. (Il est exactement à l'opposé de l'ascendant qui, lui, représente ma manière d'être en société et une grande part de ma personnalité.)

Mon signe descendant est le

....

Ce qui indique que j'adore les personnes

....

Enfin, le Soleil et la Lune sont également des éléments très importants à prendre en considération pour tes relations amoureuses. Je t'invite à relire les pages explicatives sur ces deux luminaires si ce n'est pas déjà fait.

	Vénus	Mars	Descendant
Bélier	Passionnée	Ardente	Entreprenante
Taureau	Romantique	Sensuelle	Stable
Gémeaux	Évasive	Lunatique	Sociable
Cancer	Maternante	Émotive	Sensible
Lion	Dominante	Puissante	Solaire
Vierge	Discrète	Intellectuelle	Responsable
Balance	Affectueuse	Équilibrée	Charmante
Scorpion	Intense	Passionnée	Charismatique
Sagittaire	Libre	Spontanée	Indépendante
Capricorne	Sérieuse	Durable	Ambitieuse
Verseau	Intellectuelle	Enjouée	Originale
Poissons	Douce	Mystérieuse	Rêveuse

Liste de gratitudes

À réaliser pour le plaisir, en début ou en fin de journée.

Notes-y toutes les choses pour lesquelles tu t'estimes chanceux·se et toutes ces choses qui font ton bonheur au quotidien. Le défi est de réaliser une liste de gratitudes lors des jours où tu n'es pas au top et que tu as un coup de mou !

....

....

....

....

....

....

....

....

....

Chèque d'abondance

Tu trouveras sur la page suivante un chèque d'abondance à remplir. Les chèques d'abondance se remplissent à la nouvelle lune (voir calendrier lunaire sur astrolya.be) et se brûlent ou se déchirent à la pleine lune. Tu peux y inscrire une somme d'argent que tu souhaites obtenir, un souhait, un vœu qui t'est cher ou toute chose que tu aimerais que l'Univers t'apporte pour le prochain cycle. Une fois que tu l'as complété, découpe-le et range-le dans un endroit sécurisé mais où tu pourras le voir chaque jour… Ou au contraire, range-le dans un placard pour ne plus le voir jusqu'à la prochaine lunaison ! Concentre-toi ensuite sur tes désirs sans penser à quand l'abondance arrivera. Lâche prise et ne contrôle rien… jusqu'au jour où ton dû te reviendra.

Exemple de chèque d'abondance :

Banque Universelle de l'Univers
1, Av. de la Gratitude
La Galaxie des Étoiles

Date : ....

Payé intégralement : ....

À l'ordre de : ....

Par la loi de l'abondance, gratitude de l'Univers

Signature :

Développement personnel, tes atouts

L'astrologie te murmure que tu as des super-pouvoirs !

Tu as des qualités uniques, héritées du placement des astres lors du jour de ta naissance. Ces atouts sont de réelles forces que tu dois apprendre à mettre en pratique régulièrement pour mieux t'épanouir au quotidien…

Entoure-les et/ou inscris-les sur cette page et contextualise-les. Les jours où ton moral est moins bon, relis ces pages pour te donner un coup de boost !

N'hésite pas à sonder les personnes de ton entourage pour avoir leur avis, celleux qui nous aiment ont toujours une vision de nous particulière et bienveillante.

Mon atout n° 1 :

Courage – Volonté – Force – Autre

....

Je donne un exemple concret pour illustrer ce point fort :

....

Mon atout n° 2 :

Optimisme – Enthousiasme – Spontanéité – Autre

....

Je donne un exemple concret pour illustrer ce point fort :

....

Mon atout n° 3 :

Honnêteté – Loyauté – Persévérance – Autre

....

Je donne un exemple concret pour illustrer ce point fort :

Mon atout n° 4 :

Leadership – Entrepreneuriat – Dynamisme – Autre

....

Je donne un exemple concret pour illustrer ce point fort :

....

Mon atout n° 5 :

Passion – Détermination – Assurance – Autre

....

Je donne un exemple concret pour illustrer ce point fort :

....

Cultive ton pouvoir d'étoile

Les étoiles sont là pour t'aider et te guider vers une meilleure compréhension de toi-même. Mais, au final, c'est toi, le roi ou la reine de ta vie, qui disposes des clés pour franchir les étapes, les unes après les autres, jusqu'à atteindre tes plus hauts objectifs.

Cet exercice est là pour que tu puisses faire le point sur l'instant présent, sur ce que tu vis actuellement et ce que tu mets en place dans les jours qui construisent ton quotidien. Pour mieux agir sur ton futur, il n'y a pas de meilleure façon que de le construire dans le présent. C'est aussi le moment de faire le point sur tes souhaits… et sur toi-même, tout simplement.

Mon présent et mes projets actuels

....

....

Mes accomplissements sur les six derniers mois :

....

....

Comment me suis-je félicité·e pour cela ? ou que vais-je faire pour me féliciter ?

....

....

Quelle est la chose dont je suis le·la plus fier·ère dans ma vie ?

....

....

Quelles sont les activités qui me font du bien ? Comment est-ce que je les intègre dans mon quotidien ?

....

....

Comment et où est-ce que je me vois dans cinq ans ?

....

....

Créativité d'étoiles

Exit le syndrome de la page blanche ! Écris des mots, des phrases et dessine des petites illustrations qui te viennent spontanément à l'esprit. Qui sait sur quoi tout cela débouchera…

Sur les pages suivantes, dessine un organigramme avec chacune de tes priorités du moment. Indique le temps que tu passes quotidiennement ou chaque semaine à la concrétisation de ces objectifs et les dates (approximatives) auxquelles tu aimerais qu'ils soient atteints.

Exemple : emménagement seul·e. Je passe une heure par jour à regarder les annonces sur Internet, je fais une visite par semaine. J'emménage à telle date au plus tard.